Collège
Stanislas

La Fête du Centenaire

21 MAI 1905

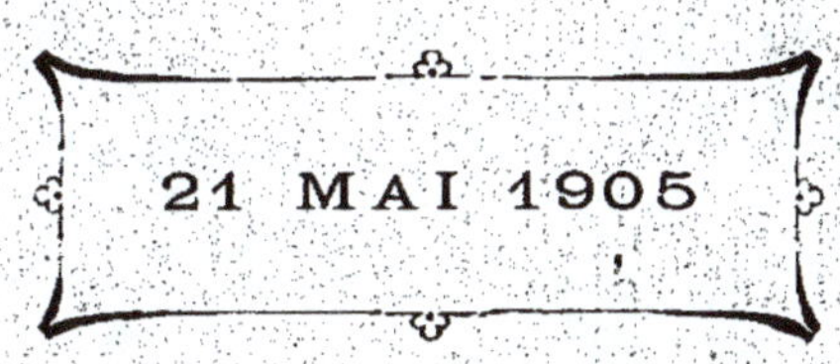

COLLÈGE STANISLAS

La Fête du Centenaire

21 MAI 1905

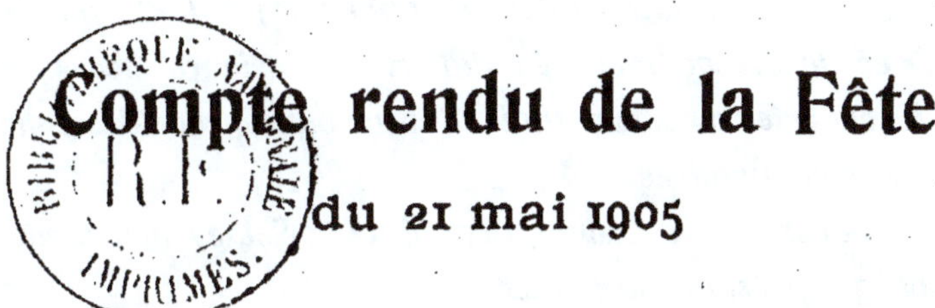

Compte rendu de la Fête
du 21 mai 1905

La fête du Centenaire a été célébrée le dimanche 21 mai 1905, dans l'après-midi. Près de quatre mille personnes avaient répondu à l'invitation du Comité[1] : les anciens élèves, les professeurs, les parents des élèves actuels, avaient tenu à témoigner au collège leur gratitude, leur affection, leur confiance.

S. Ém. le cardinal Richard, archevêque de Paris, avait accepté de présider la séance solennelle et d'assister au salut du très saint Sacrement. Retenu au dernier moment par une indisposition, il daigna adresser à M. l'abbé Pautonnier une lettre pour lui exprimer ses regrets et envoyer sa bénédiction aux maîtres et aux élèves. Il voulut bien aussi se faire représenter par M. l'abbé Fages et par M. l'abbé Odelin, vicaires généraux.

La séance solennelle s'ouvrit à deux heures précises, dans la salle des fêtes, gracieusement décorée et ornée de tro-

---

1. Le Comité du Centenaire se composait de MM. Delom de Mézerac, président ; Maurice Gallet, vice-président ; l'abbé Pautonnier ; Joseph Dumoulin, Henri Durand, Feyel, le comte Fresson, Charles Hartog, Stéphen de Lanzac de Laborie, Jean de La Laurencie, Henri Laurens, Pierre Laurent, Joseph Lavergne, Paul Longuet, Lorber, Albert Marcilhacy, Pirro, Maurice Poussielgue, Louis Sortais, Pierre Sortais, Léon de Verdière, Jean de Verdière.

phées de drapeaux. Les élèves du cours de Saint-Cyr, en armes, formaient un peloton d'honneur, pendant que les membres de l'Académie d'émulation et plusieurs élèves des classes supérieures s'acquittaient avec bonne grâce des fonctions de commissaires.

M. le baron Denys Cochin, député de la Seine, ancien élève du collège, présidait la séance.

A ses côtés avaient pris place M. le marquis de Ségur, président de la Société immobilière et d'enseignement libre; M. Delom de Mézerac, président de l'Association amicale des anciens élèves; M. l'abbé Pautonnier, directeur du collège; MM. les vicaires généraux Fages et Odelin, représentant S. Ém. le cardinal; Mgr Péchenard, recteur de l'Institut catholique de Paris; M. l'abbé Gardey, vicaire général, curé de la basilique de Sainte-Clotilde; Mgr le comte d'Eu, M. Target, ancien ambassadeur; M. l'abbé Prudham, ancien directeur du collège; M. Albert Thiéblin, président honoraire de l'Association amicale.

On remarquait encore sur l'estrade MM. Lerolle et Charles Benoist, députés; Alpy, Duval-Arnould, Mithouard, conseillers municipaux; Babelon, Lemoine, Noël Valois, membres de l'Institut; le P. Guérin, préfet apostolique du Sahara français; M. le docteur Gouraud, médecin honoraire des hôpitaux, médecin honoraire du collège; M. l'abbé Rivière, curé de Saint-Antoine; M. l'abbé Soulange-Bodin, curé de Notre-Dame-du-Travail; M. Dejob, professeur à la Sorbonne; M. René Doumic, M. Félix Sangnier, M. Vincent d'Indy, M. le vicomte de Salignac-Fénelon, ancien député;

MM. Gallet, Marcilhacy, Avril, le docteur Noël Hallé, Linzeler, de Parieu, Maurice Poussielgue, Léon de Verdière, Viellard, membres du conseil d'administration de la Société immobilière et d'enseignement libre ; MM. l'abbé Ackermann, de La Boissière, Dambier, Desrues, Feyel, Kœppelin, Lorber, Mesuret, représentant le corps des professeurs ; MM. Béchard, Henri Durand, Jean de Verdière, Stéphen de Lanzac de Laborie, Delapalme, Jean Lerolle, Louis Sorlais, membres du comité de l'Association amicale des anciens élèves ; le docteur Boulloche et le docteur Jean Hallé, médecins du collège ; MM. Laignoux, Paul Hamel, Laurens, Dumoulin, etc.

Faire revivre la physionomie de cette séance, exprimer les sentiments d'émotion et d'espérance qui remplissaient toutes les âmes, redire quels applaudissements accueillirent les morceaux de musique, les poésies, les discours, serait chose malaisée. Le programme, que nous avons tenu à reproduire sans aucun changement dans sa disposition typographique, permettra du moins à nos lecteurs de reconstituer dans ses détails notre fête de famille.

Pendant que nous étions réunis à la salle des fêtes, les élèves du petit collège assistaient, dans la cour de sixième, à une séance de prestidigitation donnée par Robert Houdin.

A quatre heures et demie, le salut solennel du très saint Sacrement a été célébré dans le parc du collège. Un autel avait été dressé sous les arbres, au pied de la statue de la sainte Vierge. M. le vicaire général Odelin a donné la bénédiction. Tous nos cœurs étaient unis dans un même sentiment de reconnaissance pour les bienfaits que la Providence *a accordés à Stanislas pendant un siècle et dans une commune prière pour l'avenir de notre collège.*

Après le salut, les invités se sont répandus dans les jardins, les cours et les bâtiments du collège. Ils ont pu visiter toute la maison. Des buffets avaient été installés dans la cour de l'école préparatoire et dans les cours de cinquième et de huitième. Les derniers visiteurs se retiraient vers six heures et demie.

Nous croyons pouvoir dire que tous ceux qui ont pris part à cette fête en conserveront un souvenir ineffaçable.

En terminant le compte rendu de cette journée du 21 mai, nous sommes heureux d'ajouter que S. G. Mgr Schœpfer, évêque de Tarbes, ancien élève du collège, a daigné, à l'occasion du centenaire, conférer à M. l'abbé Pautonnier le titre de chanoine de la cathédrale de Tarbes.

LE COMITÉ DU CENTENAIRE.

Nous rappelons qu'une Plaquette-Souvenir, rédigée, illustrée et imprimée par d'anciens élèves, a été publiée à l'occasion du centenaire. Le premier tirage étant épuisé, le Comité fait préparer un second tirage. On peut se procurer la Plaquette à la caisse du collège, rue Notre-Dame des-Champs, 22, au prix de 5 francs, ou en demander l'envoi franco en adressant à M. le caissier du collège la somme de 6 francs.

Lettre de S. Ém. le cardinal Richard

Archevêque de Paris

Paris, le 21 mai 1905.

Cher Monsieur le Directeur,

C'est pour moi un vif regret de ne pouvoir présider le Centenaire du collège Stanislas, comme je l'avais espéré jusqu'au dernier moment.

Le collège Stanislas, depuis un siècle, a représenté l'enseignement chrétien à travers les vicissitudes qu'ont eu à subir nos collèges catholiques. Il a fourni de belles pages à l'histoire de l'Église de Paris; les maîtres qui l'ont dirigé et les élèves qu'il a formés nous ont laissé des noms aimés et vénérés.

Nous félicitons les anciens élèves de Stanislas de n'avoir pas désespéré de l'avenir, et de s'être unis pour conserver une grande œuvre d'éducation française et catholique; et, dans cette belle journée du Centenaire, nous envoyons, à tous, maîtres et élèves, notre bénédiction la plus paternelle.

Veuillez, cher Monsieur le Directeur, agréer l'expression des sentiments les plus dévoués et respectueux du vieil archevêque de Paris.

☩ FRANÇOIS, CARDINAL RICHARD,
ARCHEVÊQUE DE PARIS.

Fête du Centenaire

SÉANCE SOLENNELLE du 21 MAI 1905

SOUS LA PRÉSIDENCE

DE S. ÉM. LE CARDINAL RICHARD, ARCHEVÊQUE DE PARIS

ET DE M. LE BARON DENYS COCHIN, DÉPUTÉ DE LA SEINE,
ANCIEN ÉLÈVE

PROGRAMME

Ouverture d'Egmont . . . . Beethoven

Orchestre de la *Schola Cantorum*, sous la direction
de M. P. DE BRÉVILLE, ancien élève.

La Ballade de l'ancien élève,

Poésie composée pour le centenaire, par **Edmond Rostand**
de l'Académie française, ancien élève.

Dite par M. COQUELIN Aîné.

Allocution de M. le marquis de Ségur,

Président de la Société immobilière et d'enseignement
libre, ancien élève.

Allocution de M. Delom de Mézerac,

Président de l'Association amicale des anciens élèves.

Discours de M. le baron Denys Cochin,

Député de la Seine, ancien élève.

Cantate du Centenaire : La Chanson des Années.

Poésie de **A. Mithouard,** conseiller municipal de Paris,
ancien élève.

Musique de . . . . **P. de Bréville**
ancien élève.

Solo, par M. Stéphane AUSTIN, ancien élève.

Chœurs : les élèves du collège, classe de M. PIRRO,
maître de chapelle.

Orchestre de la *Schola Cantorum,*
sous la direction de l'Auteur.

Poésie de M. Ludovic Plessis,

Élève de la classe de rhétorique supérieure.
Dite par l'Auteur.

La Langue française, poésie de . . . . . . Émile Trolliet

ancien professeur au collège.

Dite par M. Édouard CÉALIS, ancien élève.

Récit du Graal, de Lohengrin. . . . R. Wagner

Par M. G. IMBART DE LA TOUR, ancien élève,
et l'orchestre.

De 2 heures à 3 heures 1/2, dans le préau de la cour de sixième

SÉANCE DE PRESTIDIGITATION

SPÉCIALEMENT RÉSERVÉE A LA JEUNESSE
PAR
ROBERT HOUDIN

A 4 heures
SALUT SOLENNEL DU T. S. SACREMENT
CÉLÉBRÉ AU PARC
En présence de S. Ém. le cardinal RICHARD

APRÈS LE SALUT, VISITE DU COLLÈGE

LA CHANSON DES ANNÉES
(CANTATE DU CENTENAIRE)

CHŒUR

La jeunesse ressemble à ces pommiers en fleur
Qu'un seul souffle de l'air en avril défleurit.
Mais leur neige est si rose que tout l'an sourit
D'avoir eu le frisson de leur jeune pâleur.

RÉCIT

Il flotte une chanson sur les roses fanées.
C'est une voix adorable et naïve,
A l'horizon, qui s'enjolive :
Écoutez la chanson des anciennes années.
Avec de très douces histoires
Qui défaillent au fond de nos mémoires,
Avec la voix de notre ami, le soir,
Dans un jardin abandonné,
Avec des matins d'or et des soirs léthargiques,
Elles nous font une musique
De plus en plus passionnée.
Pour le cristal de leur voix défaillante
Le ciel n'est pas assez profond.
Plus elles s'en vont,
Plus tendrement elles nous chantent...

CHŒUR

A chacune qui meurt, il naît un bel oiseau,
Il commence un concert qui ne doit pas finir,
Une chanson qui fait pleurer tout l'avenir.
Nos cris de douleur seront un jour si beaux !

RÉCIT

Oui cette chanson suave,
Elle est faite de tous nos cris...
L'ami dont chante en nous la voix grave,
Nous l'avons enterré dans un jardin fleuri...
Oui, ces adorables heures,
Elles nous ont blessés,
Quand elles sont passées.
Ils nous ont fait mourir de peur,
Les soirs glacés d'autrefois
Dont il ne reste plus qu'un charme.
Nous sommes fiers d'avoir porté nos croix,
Et nous sourions du souvenir de nos larmes.
Le Temps, comme un aïeul, parle tout bas.
On écoute sa voix divine,
Ce qu'il ne dit, on le devine,
Ce qu'il dit, on ne l'entend pas...

CHŒUR

La jeunesse ressemble à ces beaux yeux en fleurs
Qu'éblouit simplement la splendeur du matin,
Et de cette heure bleue il naît un grand jardin
Dont le fleuve des jours éternise les fleurs.

A. MITHOUARD,
Conseiller municipal de Paris,
ancien élève.

La Ballade de l'ancien élève

Poésie composée pour le centenaire de Stanislas

PAR

M. EDMOND ROSTAND

DE L'ACADÉMIE FRANÇAISE, ANCIEN ÉLÈVE DU COLLÈGE

BALLADE DE L'ANCIEN ÉLÈVE

Dans la chapelle où le rayon se bleute
Nous déclinions *Deus, Dei, Deo* ;
Nous emplissions la cour d'un bruit d'émeute ;
Nous accueillions par des ah ! et des oh !
Tout képi neuf qui n'était pas très haut ;
Et secouant par son bras qui brimbale
La vieille pompe adossée au préau,
Nous buvions tous dans la même timbale !

On était gai comme une jeune meute ;
On connaissait des faims de louveteau ;
On ignorait le fâcheux thérapeute ;
On patinait tout l'hiver sans manteau !
Et quand d'un poing durci comme un marteau
Nous avions bien au mur lancé la balle,
Nos dents mordaient un énorme chanteau
Et nous buvions dans la même timbale.

Le bon Lorber, le soir, me lisait Gœthe
Comme on vous donne, en secret, du gâteau ;
Au jeu du grec Durand était brabeute
Et gouvernait l'epsilon et le tau ;

Armé déjà d'un élégant râteau
Doumic peignait la pelouse verbale ;
C'était du temps que j'étais en rhéto !...
Nous buvions tous dans la même timbale.

ENVOI

Prince, soldat... ou joueur de flûteau,
Vers quelque azur que notre âme s'emballe,
N'oublions pas la fraîcheur de cette eau
Que nous buvions dans la même timbale

Allocution de M. le marquis de Ségur

PRÉSIDENT DE LA SOCIÉTÉ IMMOBILIÈRE ET D'ENSEIGNEMENT LIBRE
ANCIEN ÉLÈVE DU COLLÈGE

MESDAMES,
MESSIEURS,

L'existence humaine est si brève, et tous, tant que nous sommes, nous ressentons si cruellement la souffrance de cette brièveté, que tout ce qui présente autour de nous l'apparence d'une continuité, d'une durée relatives, revêt, par cette seule apparence, un caractère auguste et vénérable. La vue d'un vieillard très âgé, ayant dépassé les limites habituelles de la vie, inspire à ceux qui le rencontrent un sentiment instinctif de respect, presque d'admiration, qui, indépendamment des actes de son existence, de sa valeur intellectuelle ou morale, tient au seul fait qu'il a longtemps vécu, et au gré que nous lui savons d'avoir, par sa longévité, suscité chez chacun de nous l'espoir de suivre un aussi bon exemple. Il serait facile de citer des savants, des littérateurs, des poètes et des hommes d'État qui ont goûté, sur le terme d'une longue carrière, les douceurs d'une célébrité fondée essentiellement sur l'ancienneté de leurs travaux, la prolongation de leur œuvre, et que leur mérite intrinsèque, eût-il été plus éclatant, ne leur eût point valu, peut-être, de leurs contemporains.

De même pour les vieux monuments, pour ces géants de pierre, qui, tout fragiles qu'ils sont au regard de la pérennité de la nature, représentent cependant, aux yeux des générations éphémères, la résistance aux ravages des années et comme une espèce de défi à la malignité du temps. Sans doute, le coup d'œil de l'artiste y peut admirer la beauté, l'harmonie, la majesté des lignes. L'imagination du lettré y peut associer la pensée des événements dont ils ont été les témoins, évoquer le souvenir des scènes brillantes ou douloureuses, glorieuses ou tragiques, qui se sont jadis déroulées derrière ces murailles silencieuses ; mais, pour l'âme la plus rudimentaire, pour l'esprit le plus ignorant et le moins averti, un édifice antique présente un obscur intérêt et s'ennoblit d'un vague prestige, pour cet unique motif que des siècles nombreux se sont acharnés, sans l'abattre, sur ce débris du passé disparu.

Ce que je viens de dire des constructions faites de pierre et de chaux s'applique de même à cette autre espèce d'édifices, d'essence plus immatérielle, que sont les institutions humaines. Le même respect s'attache à leur longue ancienneté ; et l'on peut citer tel pays — ce n'est pas malheureusement le nôtre — où l'on conserve avec un religieux scrupule les coutumes, les cérémonies, les formules d'autrefois, fût-ce les plus surannées, comme étant celles qui, dans les temps les plus reculés, ont servi aux ancêtres, et parce que cette consécration des années les a rendues presque intangibles. Ici, Messieurs, le sentiment dont il s'agit s'appelle d'un nom spécial, le respect de la tradition ; et il convient de l'honorer avec une grande ferveur, car il se confond étroitement avec l'amour de la patrie. Dans la division des partis, dans la lutte fratricide des classes, dans le lamentable émiettement des volontés et des intelligences, qui sont la pire misère des temps troublés où nous vivons, lorsque, effrayés du tourbillon qui disperse en poussière ce qui fut autrefois la société française, nous cherchons du regard un point d'appui pour résister à cet éparpillement, un terrain où grouper ce qui reste des éléments de notre homogénéité nationale, nous sentons qu'une seule chose a chance de nous unir encore, la mémoire du passé et l'attachement héréditaire à cet ensemble de grandeurs, de gloires, d'épreuves aussi et de revers, qui constituent l'histoire de France. C'est le lien mystérieux qui relient en faisceau et qui empêche de se briser les rameaux, secoués par l'orage, du chêne séculaire de saint Louis; c'est cette ombre de ce qui fut qui, d'une cohue d'individus, peut encore faire un peuple ; et la magie de ces souvenirs est seule capable de dresser au-dessus du chaos l'image de la patrie.

Cette image, d'ailleurs, est multiple, et peut prendre, selon les cas, des formes différentes. A côté, au-dessous de la grande patrie, à laquelle nous devons le premier tribut de notre dévouement et de notre tendresse, n'y a-t-il point, si l'on peut dire, d'autres petites patries, auxquelles nous tenons également par des nœuds à la fois robustes et subtils, et dont la prise sur notre cœur est assez forte pour défier les vicissitudes de la vie? C'est d'abord le

3

foyer familial, dont la tiédeur si douce a réchauffé notre berceau ; c'est le lieu qui nous a vus naître, la ville ou le village, le site agreste ou citadin, dont les moindres détails sont gravés dans nos yeux ; pour certains, c'est le régiment qui les a façonnés au pli d'une rude et puissante discipline ; et c'est également le collège, qui procède un peu des trois autres, abri de notre adolescence, gardien, rigide parfois, qui comprime nos écarts, cité en miniature qui, pendant des années, a formé tout notre horizon. Je n'ignore pas d'ailleurs que, pour la plupart d'entre nous, le collège est semblable à ces parents un peu sévères dont on n'apprécie réellement la tutélaire autorité que du jour qu'on les a perdus. Tant qu'on est sous le joug, on ne se fait pas faute de critiques, de murmures, voire même d'essais de rébellions ; aussitôt qu'ils ont disparu, on leur rend amplement justice ; on ne se souvient plus que de leur dévouement, des durables bienfaits dont ils nous ont comblés, et l'on ne parle d'eux qu'avec une reconnaissance attendrie.

Ainsi en est-il du collège. Quel est celui de nous qui n'a sur la conscience quelque invective, quelque gros mot, quelque velléité même de révolte, à l'endroit de ses anciens maîtres ? Qui n'a parfois maudit les sévérités du régime, la température des dortoirs, chauds en été, froids en hiver, la hâte intempestive de la cloche du réveil, la paresse de l'horloge qui mesure l'heure des classes et des études, l'héroïque fermeté du bœuf rebelle à la mastication, et l'anémie de la boisson connue sous le nom d'*abondance* ?

Et cependant, en dépit de tant de griefs, quand, pour la dernière fois, la porte du collège a refermé ses lourds battants sur l'écolier d'hier qui va prendre son vol vers tout l'inconnu de l'avenir, quel est celui dont une vague émotion n'a pas soudain serré le cœur, une émotion où il entre à la fois de la mélancolie et de la gratitude? Et plus tard, pendant bien longtemps, l'homme engagé dans les luttes de la vie garde intérêt au sort de cette maison où s'est écoulée son enfance; il lit avec assiduité les *palmarès* où sont relatés les succès de ceux qui, après lui, ont porté le même uniforme; et ce n'est pas sans un plaisir sincère qu'il retrouve sur sa route, au hasard des rencontres, tel de ses anciens camarades avec lequel il échangeait jadis plus de horions que de paroles amènes, mais dont la vue suffit à faire lever dans sa mémoire un essaim joyeux de souvenirs, tout dorés des reflets de la lointaine jeunesse.

Pour désigner ce lien obscur qui subsiste entre gens que bien souvent tout le reste sépare, on a créé une dénomination spéciale: on les appelle des *labadens*, et vous savez quelle cordialité légendaire préside aux réunions et aux agapes annuelles de ces amis intermittents. Les premières minutes de ces fêtes sont, il est vrai, quelquefois un peu froides. « Quand on ne s'est pas vu depuis vingt-sept ans et demi, on n'a presque rien à se dire », remarque à ce propos le personnage d'une comédie célèbre; mais cet embarras ne dure guère, et la glace est promptement brisée; des bouches graves et barbues, déshabituées du tutoiement, se reprennent, sans y prendre garde, aux

formes les plus familières, les moins correctes du langage;
le magistrat, le sénateur, le banquier, l'homme d'État,
redeviennent pour une heure le collégien, j'allais dire
le *potache* d'antan ; et à la gaieté des propos se mêle comme
un attendrissement secret à revivre en commun les années
d'heureuse insouciance où les plus gros chagrins n'avaient
pour conséquence ni un repas sans appétit, ni une nuit
sans sommeil.

Eh bien, Mesdames et Messieurs, c'est tout cela qui fait
que nous sommes aujourd'hui rassemblés. C'est la révé-
rence justifiée que nous portons à une institution à la
fois durable et féconde, c'est le sentiment affectueux que
réveille dans nos âmes la mémoire des bienfaits d'une
solide instruction et d'une éducation sérieuse, c'est l'esprit de fraternité qui unit — jeunes ou vieux, privilégiés
ou déshérités de la vie — tous ceux qui ont vécu dans les
murs de cette vieille demeure; c'est tout l'ensemble de
ces choses qui nous conduit à célébrer ce solennel anniversaire. Tout un siècle, en effet, s'est écoulé depuis ce
mois d'août 1804 où l'abbé Liautard a posé le premier
fondement de la *maison d'éducation de la rue Notre-Dame-
des-Champs*, lui imprimant dès le début le caractère
qu'elle a toujours conservé depuis lors et que définit justement l'axiome de Portalis : « Point d'instruction sans
éducation, et point d'éducation sans morale et sans reli-
gion. » Par sa date de naissance, le collège Stanislas coïn-
cide donc avec une des époques les plus surprenantes de
l'histoire, celle où la France, au sortir d'une crise effrayante

où elle avait failli périr, renaissait plus puissante, plus prospère que jamais, et sur les fronts vaincus des nations stupéfaites voyait flotter les plis de son glorieux drapeau. Hélas! la roue de la Fortune a beaucoup tourné depuis lors; notre pays a traversé et traverse encore des heures sombres; Stanislas, lui aussi, a passé tour à tour par des alternatives de triomphes et de revers, dont une intéressante notice nous retrace aujourd'hui les diverses péripéties. Mais jamais certainement, pendant sa carrière séculaire, n'avait-il eu à repousser de plus dangereux assaut que celui où, voilà deux ans à peine, on a pu redouter qu'il ne perdît jusqu'à son existence. De quelle façon, au prix de quels efforts et de quels sacrifices, a pu être écartée la menace de cette catastrophe, ce n'est pas à cette assistance qu'il est nécessaire de l'apprendre, car presque tous ici vous avez contribué à l'œuvre de salut. Restauré sur des bases nouvelles, entouré d'une phalange de maîtres et de surveillants dignes de leurs prédécesseurs, propriétaire définitif des terrains comme des édifices que vous voyez autour de vous, Stanislas, désormais, a reconquis le droit d'envisager l'avenir avec confiance. Ce que nous fêtons aujourd'hui n'est pas seulement un anniversaire de naissance, mais l'aurore d'une résurrection.

Gardons toutefois que cette juste espérance tue notre vigilance et notre activité. C'est le propre des faibles de passer d'un seul bond du plus complet découragement à la sécurité la plus extrême : car l'un et l'autre excès dispense également de l'effort. Rappelons-nous au contraire cette parole du tribun : « L'ère des luttes est passée, celle des difficultés commence. » Difficultés minimes, sans doute, difficultés de détail, qui sont aisément résolues par l'opiniâtreté du labeur quotidien, mais qui exigent toutefois, en même temps que le zèle de ceux qui sont préposés à cette tâche, le concours de tous ceux qui, de près ou de loin, s'intéressent à notre entreprise. Il ne s'agit plus à présent d'un concours matériel ; nous vous l'avons autrefois demandé ; vous nous l'avez largement et généreusement accordé. Pour achever la victoire, pour atteindre et pour dépasser — notre ambition va jusque-là — le degré de prospérité qu'a connu le collège dans ses plus belles années, ce que nous réclamons maintenant, c'est votre appui moral et cette sympathie agissante, dont votre empressement à cette fête est le plus éloquent et le plus précieux témoignage.

Cet empressement, Mesdames et Messieurs, nous le regardons comme un gage et le saluons comme une promesse. Je ne puis donc mieux terminer ces quelques mots de bienvenue qu'en adressant à ceux qui veulent bien m'écouter les très sincères remerciements du conseil d'administration que j'ai l'honneur de présider, remerciements qui vont à toute cette assemblée, et d'une manière spéciale à l'éminent député de Paris qui va tout à l'heure apporter à cette solennité le vif éclat de sa parole, de cette parole tant de fois applaudie dans l'enceinte orageuse où sa présence à la tribune provoque toujours, vous le savez, un double et merveilleux phénomène : l'apaisement passager d'un silence attentif, et l'unanime accord d'une sympathie qui s'adresse, sinon toujours aux idées, du moins au caractère et au talent de l'orateur. Il m'est d'ailleurs personnellement très doux de payer à Denys Cochin le tribut de notre gratitude. Nous sommes en effet, lui et moi, qu'il me permette de le rappeler ici, de bien anciens amis, des amis si anciens que, par égard pour ce que sa robuste et toujours jeune silhouette peut lui laisser de coquetterie, je ne préciserai pas la date où remonte notre intimité. Mais combien, à coup sûr, eussions-nous été surpris l'un et l'autre, — au temps où, simples écoliers, nous arpentions quotidiennement cette même rue Notre-Dame-des-Champs, ce même dédale de cours, que nous avons traversé tout à l'heure, pour apporter aux leçons de nos maîtres une oreille trop souvent distraite, — quel eût été notre étonnement si, par une subite échappée ouverte sur l'avenir, nous avions pu nous voir, devant ce nombreux auditoire et sur cette imposante estrade, tenant de graves propos et prodiguant de sages conseils, avec l'autorité, hélas ! chèrement achetée, que donne une déjà longue expérience de la vie !

Si nous avons bien changé depuis lors, que de choses ont changé de même autour de nous ! Cette transformation générale, qui, pour ainsi parler, fait cortège à la nôtre, est à la fois, selon le point de vue, l'une des consolations et l'une des mélancolies de l'âge mûr ; mais, au milieu de cette évolution constante, inévitable loi du temps, on peut toutefois distinguer des points fixes. En revenant, après bien des années, dans le collège qui forma sa jeunesse, M. Cochin y pourra retrouver le même esprit, les mêmes traditions qu'autrefois, la même alliance, poursuivie, malgré tout, de l'esprit religieux et de l'esprit universitaire, le même effort vers le progrès, le même souci d'indépendance. Et lui aussi, resté fidèle aux convictions de toute son existence, en se proclamant publiquement l'ami de Stanislas, se montrera une fois de plus ce qu'il a été de tout temps, ce que fut avant lui son père, l'avocat, le champion, le soldat de la liberté.

Poésie de M. Ludovic Plessis

ÉLÈVE DE LA CLASSE DE RHÉTORIQUE SUPÉRIEURE

I

Ce collège a cent ans. Cent ans ! c'est un grand âge.
Je crains bien, mes amis, qu'au terme du voyage,
    Ni vous ni moi n'en puissions dire autant.
Mais notre Stanislas n'est pas un impotent !
      D'ailleurs, nous voyons dans la Bible
Des gens beaucoup plus vieux. — Et puis, il fut paisible,
Le siècle, en sa jeunesse... Il est vrai que plus tard !...
Plus tard ! il s'est conduit, hélas ! comme un vieillard
Dont le gâtisme pèse à tout son entourage.
Candeur d'Eliacin d'abord, grâce et courage,
Puis des signes fâcheux : langueur et déraison
Et le goût du sophisme et de la trahison.
Nous avons dû porter cette charge pesante...
Or nous voici debout, tant la sève est puissante
Qui monte dans notre arbre et rend sa frondaison
Aussi verte aujourd'hui qu'en sa prime saison.
    Notre collège est pareil au vieux chêne,
Sauf que, ne pliant pas, il n'aura pas rompu !
    C'est qu'une force abonde dans sa veine :
Cette force est la Foi, la première vertu,
      Sans laquelle toute autre est vaine.
C'est la croyance en Dieu, la croyance au pays
Que nos pères ont fait, dont ils nous ont transmis
L'héritage de gloire et d'épreuve féconde,
Long poème qui fit l'étonnement du monde
Par tant de pleurs versés et de lauriers cueillis.

II

Salut, vieille maison! Tu demeures fidèle
A ce passé d'amour et d'abnégation.
C'est au feu sans déclin de la Lampe éternelle
Que ton enseignement dérobe le rayon.

La Colombe portant le vert rameau d'olive,
La Colombe invisible aux yeux des incroyants,
Mais qui se fait présente à notre âme attentive,
Se plaît dans tes jardins profonds et verdoyants.

A distance des bruits et des plaisirs profanes
L'élève avec le maître y cause en liberté...
Si la Sagesse antique errait sous les platanes,
La Foi conserve ici son asile enchanté.

A nos jeunes esprits, impatients d'éclore,
On enseigne le goût des utiles vertus,
Et notre vœu d'agir se fortifie encore
De l'exemple éloquent des maîtres disparus.

Ici le souvenir se mêle à l'espérance,
Le souvenir, pareil au séculaire ormeau
Le long duquel la vigne avec amour s'élance,
Enrichit son feuillage et donne un fruit plus beau!

C'est ainsi que, formé par le cœur des ancêtres,
Notre cœur bat encor pour le même idéal,
Et qu'un siècle d'efforts dus à de nobles maîtres
Y mit l'amour du bien et la haine du mal.

Cent ans!... Ce n'est pas trop pour une telle tâche,
Pour refaire une France à hauteur de l'Autel!

Pour apprendre à lutter sans peur et sans relâche
Au nom d'un jour plus pur que notre jour mortel !

Cher collège, oh ! qu'un siècle à tes longues annales
Vienne encor s'ajouter, plus riant et plus beau !
Je salue aujourd'hui vos clartés matinales,
Printemps du siècle jeune, aube du jour nouveau !

Allocution de M. Delom de Mézerac

PRÉSIDENT DE L'ASSOCIATION AMICALE DES ANCIENS ÉLÈVES

MESDAMES,

MESSIEURS,

Le président de l'Association amicale représente, dans cette fête de famille, le passé. S'il prend la parole, c'est pour exprimer les sentiments de tous les anciens élèves qu'émeut la célébration de ce centenaire, et qui, de près ou de loin, saluent leur vieux collège. Sa voix doit être l'écho de leur voix. J'essayerai donc d'être votre interprète, mes chers camarades ; en laissant parler mon cœur, j'espère traduire ce que vos cœurs ressentent aujourd'hui.

En ce jour plus qu'en aucun autre, chacun des anciens élèves de Stanislas comprend que des liens mystérieux et puissants l'unissent à tous ceux qui, depuis 1804, se sont succédé dans cette maison. Le collégien de 1840 et celui de 1905 ont, malgré la différence des temps et des mœurs, des traits communs. C'est une chaîne ininterrompue à laquelle chaque année ajoute un chaînon et dont la succession des années augmente la solidité. Et si nous recherchons de quoi est faite cette union, dont l'Association amicale est le signe matériel et concret, si nous voulons savoir pourquoi ces milliers d'âmes ont une physionomie commune, le poète que nous applaudissions tout à l'heure nous fournit la réponse : c'est que nos âmes ont reçu la même nourriture, c'est qu'elles se sont abreuvées aux mêmes sources, c'est que, grâce à la force de la tradition, sous l'abbé Lalanne comme sous l'abbé Liautard, sous l'abbé Prudham comme sous l'abbé Gratry, *toutes ont bu dans la même timbale* !

Ce mystique breuvage, elles l'ont reçu à la fois des maîtres universitaires et des éducateurs chrétiens qui, de tout temps et sous des régimes divers, ont vécu côte à côte à Stanislas. Et nul d'entre nous ne saurait faire un partage entre ce qu'il doit aux uns et ce qu'il a reçu des autres. Nous nous rappelons seulement que leurs efforts étaient harmonieusement unis pour nous conduire sur les sommets de la littérature et de la science, du devoir et de l'honneur. Nous nous rappelons que, les uns comme les autres, en façonnant l'intelligence ou en formant le cœur de leurs élèves, s'entendaient pour leur communiquer les sentiments de pur et ardent patriotisme dont ils étaient animés à un égal degré.

Comment les hommes de ma génération oublieraient-ils avec quelle pénétrante émotion ces hautes leçons nous étaient données par l'abbé de Lagarde, avec quel accent il nous parlait de la France récemment meurtrie et de nos devoirs envers elle ? Dans tous ses enseignements nous démêlions, malgré notre inexpérience, je ne sais quoi de noble et de généreux : et quand d'un geste large, comme le chevalier symbolique que nous devons au spirituel crayon de Jacques de Bréville, il nous indiquait la route à suivre, nous étions assurés que lui aussi nous conduisait vers quelque chose de grand et de beau !

Et si j'interrogeais chacune des générations qui nous ont précédés ou suivis, elle rendrait le même témoignage; car le même esprit s'est perpétué dans cette maison, malgré la diversité des temps, le même souffle a vivifié les générations qui s'y sont succédé.

C'est donc avec un même sentiment de reconnaissance que, dans cette fête du souvenir, nous reportons notre pensée vers tous les anciens maîtres.

Pour quelques-uns, pour les plus âgés, c'est l'image austère et douce de l'abbé Buquet ou la lumineuse figure de l'abbé Gratry qui se détache au milieu des ombres vénérées que leur imagination fait revivre après tant d'années écoulées.

Mais la plupart d'entre nous ont été les élèves de la Société de Marie; et je ne sais comment exprimer sous une forme matérielle — nécessairement imparfaite — les sentiments que tous nous ressentons aujourd'hui pour ces excellents éducateurs qui nous ont donné d'incomparables exemples de vertu et que l'épreuve imméritée nous a rendus plus chers. Je voudrais, en particulier, dire à celui dont la sage et habile administration a valu à ses élèves tant de couronnes, à notre vieux collège un surcroît d'honneur et de bonne renommée, et qui a reçu la mauvaise fortune avec une âme sereine, une âme de prêtre, notre gratitude et notre vénération.

C'est aujourd'hui la fête du souvenir, c'est aussi la fête de l'espérance ! Les fils de Stanislas, que la célébration du centenaire ramène dans cette vieille maison, la retrouvent debout et bien vivante ; et ce n'est pas une constatation banale ! Car, sous les coups de l'orage qu'elle a eu à subir, beaucoup d'autres maisons se seraient effondrées. Il a fallu, pour la soutenir, l'attachement inébranlable de ses anciens élèves ! Pourquoi ne songerions-nous pas avec quelque fierté que, si les anciens avaient moins aimé Stanislas, s'ils n'avaient pas été opiniâtrément résolus à le faire vivre, cette salle des fêtes qui a été témoin des joies, des succès de tant de générations d'écoliers, serait aujourd'hui muette ?

C'est un de nos camarades, M. l'abbé Pautonnier, qui a courageusement accepté la plus lourde tâche dans cette œuvre de restauration. Il a reconstruit, cellule par cellule, la ruche presque détruite. Sous l'influence de sa ferme volonté, le collège a conservé son esprit, ses traditions, sa physionomie particulière, et, par ses soins, la vieille ruche que nous aimons va de nouveau produire un miel excellent.

Oui, c'est la fête de l'espérance, et nous sommes assurés que les jeunes élèves auxquels les générations d'autrefois remettent le flambeau sacré, ajouteront de glorieuses pages à l'histoire de Stanislas. Nous sentons qu'aujourd'hui les sentiments qui nous animent sont aussi les leurs. Ils ont travaillé, avec leurs aînés, à préparer une fête digne de Stanislas, et je ne sépare pas les élèves d'aujourd'hui des élèves d'hier en exprimant notre reconnaissance à tous ceux qui ont prêté leur voix, leur plume, leur crayon pour rehausser l'éclat de ce centenaire : ils ont ainsi tressé, pour leur vieux collège, la plus précieuse des couronnes, celle de la piété filiale !

Poésie de M. E. Bourdel

ANCIEN ÉLÈVE DU COLLÉGE (ÉLÈVE DE RHÉTORIQUE EN 1832)

SOUVENIRS DE JEUNESSE

A propos du centenaire du collège Stanislas

Il est des jours heureux qui bravent la vieillesse,
Où l'homme, à ses regrets donnant un libre cours,
Aime à se reporter au ciel de sa jeunesse
Et refait le roman des tranquilles amours.

Vingt ans, âge idéal, rêve d'un autre monde
Où le cœur doit plus tard souffrir et se blesser,
De vos premiers attraits l'empreinte est si profonde
Que, même en vieillissant, rien ne peut l'effacer.

Doux fantômes, venez; que, par votre magie,
Renaisse du passé l'aimable vision ;
Et qu'en ses nuits de deuil notre âme endolorie
A défaut du bonheur, en ait l'illusion !

Comme on voit le soleil, quand a fondu la neige,
Redonner au vieux chêne un regain de printemps,
De même, au souvenir de mon ancien collège,
Je sens mon cœur ému battre comme à vingt ans.

Discours de M. le baron Denys Cochin

DÉPUTÉ DE LA SEINE, ANCIEN ÉLÈVE DU COLLÈGE

MESDAMES,

MESSIEURS,

Nous fêtons aujourd'hui le centenaire de Stanislas.

Cent ans ! Ah ! sur la valeur d'une pareille durée, il y aura toujours des contradictions et des paradoxes en sens inverse. Cent ans, disent les uns, qu'est-ce que cela ? Qu'est-ce qu'une vie, ou presque deux vies d'homme, en face de l'éternité des siècles ? Qu'est-ce que le monde et la petite place que nous occupons dans l'espace ? Qu'est-ce que cent ans ?

D'autres, au contraire, prendront la chose à un point de vue plus humain et plus vrai, considérant non pas l'éternité vide, mais ce qui pense et ce qui vit devant nous ; estimeront que cent ans d'un peuple, ou d'une ville, ou d'une grande maison comme celle-ci, c'est une immense et bien intéressante histoire. Cent ans de l'existence d'un collège où chaque année a amené des générations nouvelles, cela représente une somme formidable d'efforts, d'espérances, d'ambitions, de bonnes résolutions, de découragements, de joies, de chagrins ! Il y a un monde dans une âme humaine : essayez d'imaginer tout ce qui a paru et passé dans tant d'âmes humaines pendant cent ans! C'est l'infini. Et quelle grande œuvre que l'œuvre d'une maison d'éducation vieille de cent ans, où les maîtres ont su, dans ce monde infini de tant d'âmes animées de sentiments et de passions diverses, maintenir une foi commune, une direction commune et laisser à chacune d'elles comme une empreinte et une marque de fabrique de la maison. Cent ans de la vie d'un collège, et d'un collège qui, comme Stanislas, a possédé une idée et une tradition, c'est une bien grande chose, et il y a là un bien notable service rendu à une patrie!

Quand nous portons nos regards en arrière, et que, par exemple, nous lisons le petit livre publié hier et consacré à l'histoire de ce collège par une pléiade de brillants écrivains, nous voyons les générations d'avant nous monter pour ainsi dire hors de l'ombre; le jour apparaît quand vient notre propre histoire. Nous apercevons clairement notre entrée en scène; nous nous revoyons avec nos camarades. Il y a eu un moment de vive lumière, d'espoir, de joie. Puis le paysage s'éteint, l'éclat du concert s'adoucit et nous sentons que d'autres générations avancent, sortent de l'ombre et nous y ramènent à notre tour.

Avez-vous jamais vu, dans une ville où une fête se célèbre, les trains successifs amener les hôtes de quelques heures? On entend les wagons rouler dans le lointain avec un bruit confus; le bruit augmente, ils arrivent, ils jettent sur les quais, sous les arcs de triomphe, leur charge de voyageurs : cris de bienvenue, poignées de main, embrassements, joie un peu effarée du premier moment. Puis le calme se produit, puis la désillusion, et l'heure du départ approche, tandis que, sans relâche, d'autres trains amènent d'autres convives.

Eh bien, le collège, c'est la gare d'arrivée. Camarades du même train, nous nous retrouvons avec joie, aux carrefours de la ville, tant que dure le séjour. Comment ne pas nous rappeler avec une tendresse particulière le moment de notre entrée commune? La camaraderie de collège ne s'efface jamais, et il lui arrive fort souvent de monter en grade et de devenir amitié.

Il en a été ainsi, et depuis bien longtemps, entre mon éminent ami, le marquis de Ségur et moi. Il vous le disait en termes trop aimables pour moi. Il est devenu comme moi un homme mûr, et nous voici tous deux apportant aux jeunes gens les conseils d'une expérience déjà longue; mais il est resté pour moi Pierre de Ségur, mon camarade d'enfance; et les années qui passent ne détruisent pas ces vieux souvenirs : vous apprendrez plus tard combien on aime à les ressusciter!

Dans la brochure qu'on m'a donnée et qui contient l'histoire du collège, les divers chapitres sont écrits par divers auteurs, les uns jeunes, les autres vieux, adonnés à des travaux fort différents, les sciences, les lettres, la jurisprudence, même la politique, et qui cependant se reconnaissent à un même air de famille. Ils ont reçu la tradition de cette maison d'éducation chrétienne et d'enseignement universitaire.

Il y a cent ans, trois prêtres, élèves l'un de Louis-le-

Grand, l'autre de Sainte-Barbe, et le troisième des Orato-
riens de Juilly, s'associèrent pour fonder le collège où
nous sommes.

Lorsque, en 1810, l'autorité exclusive de l'Université
impériale força l'abbé Liautard à envoyer ses élèves aux
cours du collège Henri IV, — devenu lycée Napoléon, —
il protesta avec énergie; mais, nous dit l'historien,
M. Albert Thiéblin, il le fit à cause de la longue route à
parcourir et du temps perdu, et des rhumes possibles;
jamais il ne prononça un mot contre l'esprit ou les
doctrines de l'Université. Et quand, en 1822, en vertu de
la loi plus libérale de 1821, il put rendre l'autonomie au
collège et lui donner un nom, celui de Stanislas, il ne
voulut le faire qu'à la condition de rester étroitement uni
à l'Université. Il signa alors ce traité qui a donné de si
heureux résultats, et qui fit de Stanislas non pas une pro-
vince de l'empire universitaire, mais on pourrait presque
dire un pays de protectorat, en tout cas un allié fort
dévoué.

Messieurs, ce régime, ce n'est pas Stanislas qui a voulu
le rompre.

Si, après avoir rappelé le souvenir des anciens directeurs, je passe à ceux que j'ai vus, que j'ai connus, à celui
dont tout à l'heure, à l'unanimité, vous avez salué avec
tant d'enthousiasme le nom, M. l'abbé Prudham, envers
qui j'aurai toujours une éternelle reconnaissance, parce
que c'est sous sa direction que mes enfants ont été
instruits dans cette maison; si, dis-je, quittant brusque-

ment M. Liautard et M. Augé, je vous conduis tout de suite auprès de M. Prudham et de M. Pautonnier, vous trouverez ces derniers, je vous assure, scrupuleusement fidèles à l'esprit des fondateurs et à l'ancienne tradition universitaire. Si quelque chose a été changé à cet égard, certes, ce n'est pas par leur initiative et ce n'est pas de leur faute !

Je remplirais fort mal ma tâche, si je ne rappelais au moins les noms de quelques-uns des maîtres éminents qui ont laissé leur mémoire attachée à ces murs.

M. Duhem, un habile physicien qui est aussi un profond philosophe, a dessiné, d'après nature, de jolis portraits de savants.

D'abord son maître, M. Vazeille ; un homme grand et mince, à la figure fine, entourée de longs cheveux, et qui, dans son cours de mathématiques, comme d'autres aiment à répéter les mots « précision » ou « exactitude », avait sans cesse sur les lèvres le mot « élégance ». L'élégance dans les calculs : je crois que ce n'est pas seulement l'effet d'une ingéniosité imprévue. Un autre philosophe des sciences, qui appartient aussi à Stanislas, M. Leroy, a montré que la beauté est un des caractères des formules mathématiques et physiques.

M. Duhem nous donne aussi le portrait d'un autre maître, moins préoccupé, je crois, d'élégance : un modeste religieux, arrivé, malgré lui, à une grande et juste renommée, M. Bichler. Il nous le peint avec son invariable bonnet de velours noir et avec ses inamovibles lunettes !

Un jour, pendant qu'un jeune marianiste suivait, comme le plus humble de ses frères, les pieux exercices du noviciat, ses écrits sur les fonctions elliptiques avaient excité les applaudissements de la vieille Sorbonne. Et plus tard, les savants les plus célèbres n'avaient pas dédaigné l'entretien de ce religieux. Que de fois on avait vu, montant l'escalier, un vieillard boiteux, qui s'appuyait à la rampe et allait frapper à la porte d'une cellule, comme autrefois Descartes chez le P. Mersenne! C'était M. Hermitte qui allait voir M. Biehler !

M. Louis Gillet, dans un fort joli article, nous décrit les classes de lettres et nous offre aussi de vivants portraits des professeurs éminents qu'il a connus, M. David-Sauvageot, M. Durand, M. Doumic. Avec eux, dit-il, les fenêtres de la classe n'étaient point fermées contre l'air du dehors ; et l'étude des nouvelles œuvres dignes d'être lues venait parfois interrompre l'enseignement classique.

Je voudrais — et je ne le puis pas — rappeler tous ceux qui ont illustré cette maison. Comment, du moins, oublierais-je le nom d'un de ses directeurs que j'ai eu le bonheur de connaître dans ma jeunesse? Ce seul nom, pour moi, représente tout le charme de la foi sincère et de la vertu chrétienne, et il me rappelle aussi un des plus originaux et des plus puissants esprits de notre temps, un philosophe, un très rare écrivain, le poète de la logique et des mathématiques : je veux parler du P. Gratry.

Quel directeur admirable il dut être! non pas peut-être, nous dit son historien d'aujourd'hui, qu'il fût le modèle

des administrateurs. Je le croirais volontiers, car ses dis-
tractions sont restées presque aussi célèbres que celles de
M. Ampère. Mais quel admirable directeur de jeunes
consciences devait être cet homme sincère! Il était arrivé
à la foi la plus tranquille, à la paix et à la joie de l'âme,
mais non sans traverser des épreuves. Ce n'était pas un
de ces esprits faciles et, dès le premier jour, contents de
leur choix, bon ou mauvais. C'était une nature infiniment
sensible et tendre, ayant reçu de grands dons et éclairée
de merveilleuses lumières ; mais, pour cette raison même,
aisément hésitante et bouleversée.

Quoi de plus émouvant que ses *Souvenirs de jeunesse*!
Il a aperçu la vérité et compris que la science l'aidera à
la défendre. Il s'arrache à l'art, à la poésie, à ce qu'il
aimait, et se jette dans l'étude de l'algèbre.

« Il me sembla, dit-il, au premier moment, que je m'en-
fermais dans une caverne », et ce n'est que peu à peu
qu'il prit un plaisir à ses nouvelles études.

Il entra à l'École polytechnique, bien loin de songer
qu'un jour il dût être prêtre. Il n'aimait pas les prêtres,
et le motif est singulier : il leur reprochait de ne rien
découvrir, n'ayant compris que plus tard, dit-il, que leur
rôle dans le monde est précisément de conserver sans y rien
changer, et de transmettre aux générations qui se suivent
une vérité immuable, qui est au fond de toutes choses.

Cependant la vocation décisive, inéluctable, vint même
avant la sortie de l'école, et il donna sa démission d'offi-
cier, au grand chagrin de ses parents. Mais la paix ne

descendit que plus tard dans son âme : dédaigneux des vulgaires ambitions et des vulgaires personnes qui s'y livrent, il cherchait la perfection, en vrai disciple de saint Anselme. Et un jour elle lui apparut, il nous le raconte. Mais ce ne fut pas dans quelque chef-d'œuvre de l'art ou de la science, ni même dans le cabinet d'un sage, chez lequel ses amis l'entraînèrent, qui lui sembla d'abord un homme d'une irrésistible éloquence, et en lequel, un peu après, il reconnut un menteur. Non, ce fut tout simplement un soir où il regagnait, triste et préoccupé, la montagne Sainte-Geneviève et rentrait chez lui, par les solitudes de la rue des Feuillantines ou de la place de la Vieille-Estrapade.

Dans ce temps-là, on battait la retraite, et il se mit à suivre un pauvre tambour qui, dit-il gravement, lui représenta dans son œuvre si humble la perfection absolue. Rien de plus régulier que ses battements, ni de plus riche que ses roulements prolongés dans la nuit. Rien à reprendre, malgré un état d'esprit morose et malveillant ! C'était parfait !

Je ne puis vous rendre le charme du récit, et je ne veux pas exagérer la portée philosophique et morale de l'anecdote ; mais j'aime à me représenter cette scène, et je vois, dans les rues sombres, le jeune étudiant emboîtant le pas derrière le vieux soldat. Le premier sent se dissiper ses doutes et sa mélancolie, et l'autre bat la retraite, dans le désert : il a peut-être autrefois battu la charge, d'un pas aussi tranquille !

Messieurs, ces cent années, le collège Stanislas les aura bien occupées! Adonné comme je le suis à des discussions qui passionnent, ou plutôt qui devraient passionner tout le monde, — car je trouve l'opinion un peu indifférente en ce moment, — il me venait à l'esprit ce matin que les cent ans de Stanislas auront été précisément les cent ans du Concordat.

Votre maison a prospéré pendant ce siècle de relative paix religieuse, succédant à des années dont il est inutile de rappeler la tristesse et l'horreur, et dont il faut craindre le retour.

Entre le premier et le dernier chapitre de cette histoire de cent années, quel contraste!

L'origine du Concordat ne doit point être cherchée — du moins, je ne le crois pas — dans les conseils d'une profonde politique. Les calculs de M. de Talleyrand n'en ont point été la cause. Non : ce solennel intrigant n'y fut pour rien. Le projet naquit dans l'esprit de Bonaparte, le lendemain de Marengo, d'un élan de reconnaissance et d'un retour à ses jeunes idées.

Imaginez la place qui est à Milan, devant la cathédrale dont l'amas de marbre blanc, informe et riche, resplendit au soleil. La veille, lui, le héros de l'Égypte et de la première campagne d'Italie, a senti un instant la fortune le trahir; espoirs, ambitions s'écroulaient; et déjà le vieux Mélas s'en allait content, lorsque retentit le galop des chevaux de Kellermann, et lorsque Desaix courut reprendre la victoire et donner sa vie. Il était temps! Il entre donc, perçant la foule, vainqueur encore, mais sauvé d'un terrible hasard. Les cloches sonnent à toute volée, les vivats retentissent, et le flot populaire pousse le jeune triomphateur vers l'église, dont les portes sont grandes ouvertes, et où mille voix entonnent le *Te Deum*. « J'irai, dit-il (la phrase est écrite dans ses dépêches), et, ma foi ! les savants de Paris en penseront ce qu'ils voudront ! »

Tel est le premier chapitre de l'histoire du Concordat.

Le dernier est moins brillant. Dans un pays qui se prétend indifférent en matière religieuse, le Parlement, la presse, les tribunaux ne sont occupés que de sécularisations, de liquidations, de couvents et d'associations cultuelles. Les députés pâlissent sur ce problème : ne pas laisser croire qu'on reconnaît les droits du pape et des évêques, et cependant ne pas laisser dire qu'on veut détruire l'Église catholique.

Comment faire pour séparer, mais sans affranchir ? Comment abandonner l'Église à elle-même, sans cependant la laisser libre ? Comment rompre un lien d'amitié et de respect réciproques, tout en conservant un lien de servage ? La Chambre est devenue un concile laïque composé de casuistes sans principes et de théologiens sans foi. La discussion se poursuit, longue, subtile et monotone.

Tels sont donc le premier et le dernier chapitres de cent ans de Concordat : jadis les coups de clairon éclatant à Marengo, aujourd'hui les coups de sonnette de M. le président Doumer, amortis par ce que l'*Officiel* appelle « bruit de conversations ».

Vous avez vécu et prospéré pendant les temps concordataires et vous survivrez !

Il ne faut point se décourager. Les pays comme le nôtre ne s'engourdissent point pour longtemps. Mais il est grand temps de se remettre aux œuvres utiles.

L'œuvre des fondateurs anciens et des directeurs actuels de Stanislas est une œuvre patriotique entre toutes, car c'est une œuvre d'union.

Vous offrez aux familles l'éducation chrétienne et en même temps vous êtes et vous resterez, quoi qu'on fasse, un établissement universitaire. Vous ne travaillez donc pas, comme il a été dit dans un discours justement célèbre, à former en France deux jeunesses. Non, vous ne faites pas œuvre de division.

Celle-là, d'autres s'en sont chargés ; et l'homme politique qui a dénoncé les deux jeunesses, en son fameux discours de Toulouse, est l'auteur responsable de la plus profonde séparation qu'on ait vue depuis longtemps entre les Français.

Sous son règne, on vous a exclus du concours général, à la veille même de ce concours, et quand les élèves de Stanislas, entraînés par de longs mois de travail, allaient avoir leur récompense, on a réservé toutes les palmes aux autres. Il est vrai que cette indigne mesure a amené la fin du concours général.

Je l'ai dit alors à la Chambre. Pardonnez-moi de me vanter d'avoir été prophète.

L'esprit de juvénile et loyale ambition qui nous animait

jadis au « grand concours » m'a paru mort, du jour où de pareilles choses passaient sans encombre.

Ah ! disais-je, quand j'étais à Louis-le-Grand (car j'y ai été aussi) en 1868 et 1869, — et je suis sûr qu'aucun de nos vieux camarades ne nous démentira, — si on nous avait appris que, pour une raison quelconque, le gouvernement de l'empereur avait exclu un collège ; et que des camarades, nos légitimes rivaux, étaient privés de leur chance dans la bataille ; ah ! alors les dictionnaires et les encriers auraient volé en l'air ! Et — je le disais à la Chambre, sans respect pour le langage châtié qu'on doit avoir, qu'on devrait toujours avoir dans cet endroit — on aurait vu un joli chahut ! Concourir sans nos camarades, recevoir des prix qui pouvaient leur appartenir ! Nous ne l'aurions jamais voulu.

Mais les uns ont ordonné cela ; les autres l'ont supporté. C'était tuer le concours général. Il a fallu le supprimer deux ans après.

Maintenant pensons un peu à l'avenir.

Le collège Stanislas a traversé une crise difficile. Aujourd'hui, pour vivre et prospérer, rien ne lui manque. Il a la bonne fortune de garder ou de voir entrer dans ses classes des professeurs très distingués ; et, en M. l'abbé Pautonnier, il possède un directeur auquel je veux ici, avec vous tous, rendre le plus complet témoignage. M. Pautonnier n'a pas désespéré dans un moment redoutable ; il a accepté la lutte, et il ne se découragera pas au milieu des difficultés qui, comme le disait M. de Ségur, succèdent à la lutte.

Je crois que je vais être fort indiscret. Il y a un hommage que je veux rendre à M. Pautonnier, dût sa modestie en souffrir. Quand les arrangements passés autrefois avec l'Université allaient être rompus, j'ai eu l'occasion de discuter la question avec certains de mes collègues de la Chambre et aussi avec des ministres d'alors. Je leur disais :

— Est-ce que vraiment vous allez rompre ces liens ? Vous avez voulu chasser les congrégations, *la* congrégation, comme dit M. Brisson ; la congrégation, qui à Stanislas était une réunion d'hommes dévoués, vivant ensemble pour ne penser pas à autre chose qu'à l'œuvre à laquelle ils s'étaient consacrés... Mais soit ; je n'en parle plus ; vous l'avez dissoute, elle est partie ; vous êtes obéis ; est-ce que vraiment vous allez rompre le lien qui depuis si longtemps attachait le collège Stanislas à l'Université ?

Et le ministre auquel je parlais — il avait la plus grande autorité dans la question — faisait ce qu'ils font tous les jours : il célébrait ses bonnes intentions et rejetait sur nous la faute.

— C'est vrai, disait-il, vous n'avez plus de congréganistes, mais quel besoin de choisir ensuite un prêtre comme directeur ?...

— L'enseignement est-il interdit à un prêtre ? Nous avons pris un agrégé de l'Université, nullement congréganiste (M. Pautonnier ne l'a jamais été).

— A la bonne heure ; mais, si c'était un laïque, on pourrait peut-être s'entendre..,

J'ai transmis cette confidence, c'était de mon devoir ; et

j'ai trouvé devant moi un directeur qui m'a dit sans hési-
ter une seconde : « Ah! qu'à cela ne tienne; laissez-moi,
s'il se peut, garder, dans cette chère maison, le poste
le plus modeste et mettez un laïque à la tête. On en veut
un : j'en ai un tout prêt, un candidat excellent, digne de
toute confiance ! Voilà qui est fait. »

Au conseil des ministres qui suivit, la question fut traitée
et tranchée contre nous, sans réserve. Le sacrifice n'eût
donc rien sauvé : mais de quel cœur, et avec quelle sim-
plicité il était accepté par avance !

Un pareil trait fait connaître un homme. Un loyal ser-
viteur est prêt à servir sa cause ou son pays, comme soldat ou comme général, là ou ailleurs, disait une vieille
devise, suivant qu'il plaît à Dieu. Et lorsqu'un si rare
dévouement est joint, dans l'âme d'un chef, à un rare
mérite, le succès est certain. Or, Stanislas a la bonne fortune de posséder un pareil chef : comment ne serions-
nous pas assurés du succès?

Salut donc à tous ceux qui depuis cent ans ont fait
l'honneur et la célébrité de ce collège ! Donnons un souvenir reconnaissant à la sagesse des directeurs, à la dis-
tinction des maîtres, à la fidélité de toutes ces générations
d'élèves toujours attachés à la tradition de la maison. Puis
songeons à l'avenir. Salut à vous, jeune génération ! La
lutte a été dure, l'inquiétude a été grande. Vos parents
ont eu confiance; ils n'ont pas voulu que Stanislas pérît.
C'est à vous maintenant de le faire vivre et d'augmenter
encore sa bonne renommée ! Soyez sûrs que votre bonne

conduite et vos succès scolaires fourniront les meilleurs de tous les arguments pour répondre aux préjugés du jour, et assurer la durée de cette maison d'éducation chrétienne et d'enseignement universitaire qui s'appelle le collège Stanislas.

...

Avant de clore la séance, M. Denys Cochin a prononcé les paroles suivantes :

MESDAMES,
MESSIEURS,

C'est par devoir que je prends encore la parole, car je crois de mon devoir absolu de remercier ceux qui ont donné à cette fête tant d'éclat.

D'abord M. Coquelin, qui, avec un art parfait, nous a fait goûter les rimes si rares de l'élève Rostand.

D'autres vers, œuvres d'élèves moins illustres, ont été applaudis encore ; et le concours était ouvert entre M. Plessis, rhétoricien d'aujourd'hui, et M. Bourdel, le rhétoricien si ému et si touchant de 1832.

Puis sont venus M. de Bréville et M. Mithouard! Lequel avons-nous le plus acclamé? Entre la musique et la poésie, l'union était si complète, que nous ne saurions plus distinguer la part de l'une et de l'autre dans le souvenir exquis que nous conservons de leur cantate!

Comment remercier dignement M. Imbart de la Tour? Lohengrin lui-même, étant ancien élève de Stanislas, a voulu venir du Brabant, traîné par un cygne, pour nous donner, avec une voix et un accent admirables, le plus beau chant, je crois, que l'homme ait jamais entendu.

Les yeux de M. le directeur m'adressent de muets reproches : j'oublie, je suis sûr, des noms que je devrais signaler. A tous, à ceux que j'oublie, j'offre mes plus cordiaux et vos plus sincères remerciements.

Pensons aussi à l'avenir et à ceux qui viendront. Si mon ami Pierre de Ségur le veut bien, je lui propose de lever ensemble, faute de mieux, le verre d'eau sucrée des orateurs, « la même timbale », dirait M. Rostand, et de boire à la santé des deux inconnus qui présideront, comme nous l'avons fait aujourd'hui, lui et moi, aux fêtes du deuxième centenaire!

Allocution prononcée à la messe

devant les élèves

PAR

M. L'ABBÉ PAUTONNIER

DIRECTEUR DU COLLÈGE

Le 21 mai, les élèves du collège assistèrent à la messe, à huit heures, en l'église Notre-Dame-des-Champs.

M. l'abbé Pautonnier leur adressa la parole après l'évangile, et, leur rappelant tout le bien accompli depuis cent ans dans cette maison de Stanislas, les invita à rendre grâces à Dieu pour tant de bienfaits. Après ce retour sur le passé, il adjura les élèves actuels de se montrer dignes du glorieux héritage reçu de leurs devanciers, d'aimer leur collège d'un amour vigoureux et viril et d'assurer par leur discipline et leur piété, par leur courage et leurs sacrifices de tous les jours, l'honneur et la prospérité de Stanislas.

Nous sommes heureux de pouvoir reproduire quelques passages de cette allocution :

MES CHERS AMIS,

Nous célébrons aujourd'hui le centenaire de la fondation du collège. Il y a un peu plus de cent ans, le 15 août 1804, un prêtre ouvrait dans la rue Notre-Dame-des-Champs une maison d'éducation et la mettait, dès son berceau, sous la protection de la Vierge Marie. C'est cette maison qui est devenue, sous la Restauration, le collège Stanislas. C'est elle qui, après cent ans de lutte, avec beaucoup de vicissitudes, des périodes brillantes et des jours malheureux, est encore vivante : c'est elle que nous fêtons aujourd'hui...

... Je vous convie, mes chers amis, à rendre grâces à Dieu et à lui demander de bénir cette maison consacrée à sa sainte Mère, d'accorder à ceux qui l'habitent les fortes vertus qui font la fortune des familles, la puissance des nations, et qui sont nécessaires aussi pour assurer aux collèges la paix et la prospérité.

Et d'abord, en repassant dans notre mémoire la vie de notre vieux collège pendant ces cent années, réjouissons-nous ! Car, s'il eut quelques jours tristes, il eut beaucoup de jours heureux et paisibles ; si la fortune a cessé quelquefois de lui sourire, son honneur du moins ne fut jamais terni. Nous pouvons, avec une légitime fierté, rappeler ses triomphes scolaires, ses victoires au concours général, ses succès aux examens d'admission des grandes écoles ; nous pouvons nommer beaucoup de ses fils qui sont devenus illustres et montrer la foule de ceux qui, plus modestes, mais non moins utiles, ont fondé des industries prospères, administré la chose publique, honoré les carrières les plus diverses. Nous en avons le droit même au pied des autels, car cela ne s'est point faits ans des efforts prolongés, sans bien des sacrifices ; — et l'effort est saint, et la peine est sacrée.

Mais arrêtons plutôt notre réflexion sur tout le bien moral et religieux qui s'est accompli dans cette maison ; pensons à tant de bons chrétiens, à tant d'hommes de devoir qui y ont été formés, aux familles chrétiennes qu'ils ont fondées...

... D'ailleurs, est-il nécessaire d'étudier notre histoire pour constater l'action de Dieu dans le collège et par le collège? Ne vous suffit-il pas de faire appel à votre expérience personnelle? Rappelez-vous comment votre jeunesse a été protégée contre les atteintes du vice qui se glisse si subtilement partout; comment on a lutté contre vos mauvais penchants, la nonchalance, l'égoïsme, la légèreté; comment on vous a appris à vous vaincre vous-même par le travail, par l'obéissance; comment, en vous habituant à régler votre vie, à vous contenter de peu, à ne pas céder au désir de jouir, on s'est efforcé de faire de vous des hommes et des citoyens!

C'est ici qu'on a appris à tant de générations d'enfants et de jeunes gens à aimer Dieu, à respecter sa loi; c'est ici qu'on a formé tant de volontés.

Combien de vies se sont dépensées à ce labeur pendant un siècle! Combien d'éducateurs dévoués y ont usé leurs forces! Combien d'hommes de Dieu se sont succédé dans cette maison! Pour ne citer que ceux qui ne sont plus de ce monde, rappelons l'abbé Liautard, l'abbé Gratry, l'abbé Lalanne; l'abbé de Lagarde, que j'ai vu mourir à la peine sans avoir connu le repos; et tant d'autres, parmi lesquels l'abbé Leber, qu'une mort prématurée a empêché de donner sa mesure et que les aînés d'entre vous ont connu et aimé.

C'est dans la chapelle du collège que Mgr de Ségur, le saint aveugle, a confessé avec tant de zèle et de fruits de salut; c'est là qu'il a commencé la lutte contre les pratiques héritées du jansénisme, qui, en écartant les âmes des sacrements, tarissaient les sources de la vie religieuse. C'est dans cette même chapelle que Lacordaire a inauguré ses conférences. C'est là aussi qu'un prélat qui paraît plus grand, à mesure qu'il s'éloigne dans le recul de la mort, Mgr d'Hulst, un des plus illustres fils de Stanislas, a si souvent prêché, et que, malgré ses écrasantes occupations, il est venu pendant tant d'années s'asseoir au confessionnal, écouter les aveux et élever les âmes de vos devanciers.

Est-il étonnant que le champ du Seigneur, labouré par de tels ouvriers, ait produit une si riche moisson?

Il nous est donc permis, en ce jour, de nous réjouir en remémorant les bienfaits de Dieu. Rendons-lui grâces, car c'est à lui que doivent revenir tout honneur et toute gloire. C'est lui qui a suscité le dévouement de ses serviteurs qui vous ont évangélisés, c'est lui qui a béni leurs efforts et les a fécondés. C'est lui qui a récompensé dans sa gloire ceux qui se sont endormis après avoir achevé leur journée de labeur. C'est lui qui console ceux que vous avez connus et dont la tâche a été si subitement et si cruellement interrompue. C'est lui encore qui soutient et dirige les nouveaux ouvriers qui sont venus les remplacer et continuer leur travail. Unissez-les tous dans vos prières aujourd'hui, ceux qui ont passé, ceux qui sont, ceux qui viendront, puisque tous sont les ouvriers du même Maître et travaillent à la même vigne!

.21.MAI.1905.